INSTRUCTION PUBLIQUE.

FACULTÉ DE DROIT DE STRASBOURG.

ACTE PUBLIC

SUR

LES ENFANS NATURELS,

SOUTENU

A la Faculté de Droit de Strasbourg, Jeudi 7 Mars 1816,
à quatre heures de relevée,

POUR

OBTENIR LE GRADE DE LICENCIÉ EN DROIT,

PAR PIERRE BÉLY,

BACHELIER EN DROIT,

DE BELFORT (DÉPART. DU HAUT-RHIN).

STRASBOURG,

De l'imprimerie de LEVRAULT, impr. de la Faculté de Droit.

1816.

M. Hermann, Doyen de la Faculté, Chevalier de la Légion
d'Honneur.

EXAMINATEURS:

MM. Arnold,
    Hermann,   } Professeurs.
    Frantz,
    Spielmann............ Suppléant.

*La Faculté n'entend approuver ni désapprouver les opinions
particulières au Candidat.*

DES ENFANS NATURELS.

INTRODUCTION.

Avant d'entrer dans la discussion de cette matière, je ferai connoître, par un aperçu succinct, comment on considéroit les enfans naturels chez les Romains, et comment ils furent successivement traités dans le Droit françois.

Sans doute il a fallu de puissans motifs pour établir une différence aussi étrange entre des êtres que la nature fit si ressemblans. Pourquoi ce privilége de l'enfant légitime sur le bâtard? Est-ce la faute des parens qu'on a voulu punir? mais c'est l'enfant seul qui porte la peine, et cet enfant est innocent. La Providence l'appelle à la vie, sa place est marquée dans l'ordre de la création, et la loi le repousse; elle a écrit sur son berceau l'arrêt de sa honte et de son malheur. Sénèque dit élégamment : *Homines sunt; non vis ali homines? cives sunt; non vis ali cives? innocentes sunt; non vis ali innocentes? Sic pervenitur ad filios : homines sunt, cives sunt, innocentes sunt. Ergo non erit vitium porrexisse stipem, nisi dixero filii sunt.*

C'est du système de la propriété, source de nos lois civiles, que découlent ces maximes bizarres qui, d'un frère, d'une sœur, d'un enfant, font un étranger.

Pour conserver un ordre arbitraire de filiation, on a détruit les rapports les plus essentiels; on a élevé un mur d'airain entre un citoyen et sa famille.

Dans le droit naturel ces inégalités ne pouvoient exister, comme le dit l'Empereur Théodose en ces termes : « La nature attache les

« enfans naturels à leur père, quoique le droit les en sépare, et
« l'on ne doit pas trouver mauvais qu'ils aient une partie de son
« bien, puisqu'ils sont une partie de son sang. [1] »

Avant l'établissement des sociétés civiles on vivoit en communauté, en famille ; on ne distinguoit tel membre de la communauté que parce qu'il appartenoit à telle famille. L'enfant élevé sous le toit paternel ne pouvoit méconnoître celui auquel il devoit l'être.

Il étoit possible qu'un enfant qui auroit été éloigné de sa famille par un accident quelconque, ignorât ses père et mère, ou fût ignoré d'eux. On ne pouvoit avoir recours qu'à des présomptions, qu'à des occurrences de faits, qui décidoient, mais souvent d'une manière incertaine, il est vrai, à quelle famille devoit appartenir l'enfant.

Quelques peuples de l'antiquité fixoient la reconnoissance des enfans à la ressemblance ; c'est ce que nous atteste POMPONIUS MELA, liv. Ier, chap. 3.

Mais ce qui convenoit à l'état de nature, ne peut plus convenir à l'état social.

Du moment où l'homme commença à se civiliser, il fut dans la nécessité d'établir des institutions que l'ordre, la religion, les mœurs, la saine politique réclamoient. Dès-lors le mariage fut placé sous la garantie spéciale des lois civiles, et dès-lors la paternité ne fut plus douteuse. Celui-là est père, que les lois, par la cérémonie du mariage, déclarent devoir être tel. *Pater is est quem nuptiæ demonstrant.*

Il seroit aussi long que superflu de remonter à l'origine des sociétés conjugales : il y eut des bâtards dès qu'on proclama des unions légitimes. Partout où le lien matrimonial fut moins resserré, où l'on admit, où l'on toléra le concubinage, le sort des enfans naturels fut moins affreux.

---

1 *Novel. THEODOS.*, tit. 11, *de his qui sponte munus aliquod*, etc.

Droit romain.

Dans le Droit romain, on établissoit un grand nombre de distinctions entre les bâtards.

Les plus favorisés étoient ceux nés de personnes absolument libres et qui pouvoient se marier ensemble : *Nati scilicet ex soluto et soluta, qui poterant inter se matrimonium contrahere, et simpliciter vocantur in jure filii naturales vel nothi.*

Les bâtards adultérins et les bâtards incestueux, comme venant d'un commerce plus particulièrement proscrit, avoient moins de faveur; leur naissance étoit regardée comme odieuse.

On subdivisoit l'adultère en adultère double et en adultère simple; il étoit simple lorsque l'un des père et mère n'étoit pas marié, et double, lorsque l'un et l'autre étoient liés par un mariage déjà existant lors de la conception.

Il existoit aussi deux sortes d'inceste : celui qui a lieu entre personnes auxquelles le mariage est prohibé à cause du lien de parenté ou d'affinité, et celui entre personnes consacrées à Dieu par le vœu de chasteté; les enfans nés de ce dernier commerce s'appeloient *liberi nati ex damnato coïtu.*

Enfin, il y avoit des bâtards dont le père étoit absolument incertain, qui sont appelés *spurii, quasi sine patre nati.* Ils sont aussi appelés *vulgo quæsiti, quasi ex vaga venere nati.* On les appelle encore *varii, quod vario de semine, de meretrice utpote, concepti videantur.* Enfin ils sont appelés *filii seminis et populi,* anciennement *matris togatæ filii.*

Les enfans nés *ex soluto et soluta* jouissoient d'une faveur tellement grande, à côté des autres bâtards, que le commerce entre un homme libre et sa concubine n'étoit pas seulement toléré chez les Romains, il étoit en quelque sorte autorisé par leurs lois. *Sicque legibus romanis concubina vocabatur uxor minus legitima.*

4

Ainsi ces bâtards, appelés *filii naturales*, succédoient à leur mère et étoient admis dans la succession de leur père pour un sixième, parce qu'à Rome la concubine différoit peu de la femme légitime (Liv. 3, Cod. *de natural. liber.*).

Quant à tous les autres bâtards, ils pouvoient succéder à leur mère, jamais à leur père.

Voilà sommairement quelle étoit la législation romaine sur les enfans naturels.

Droit françois.

En France, avant la révolution, la plus grande partie des coutumes excluoient les bâtards des successions de leurs parens, et l'on regardoit comme une maxime certaine la règle qui prononçoit cette exclusion.

Cependant cette règle générale souffroit diverses exceptions qui provenoient de la diversité des coutumes : par exemple, selon certaines coutumes, le bâtard succédoit à sa mère conjointement avec les enfans légitimes; selon d'autres, le bâtard ne succédoit que lorsqu'il n'existoit point d'enfans légitimes; enfin, on admettoit le bâtard, dans d'autres coutumes, à la succession de sa mère, quoiqu'il ne fût pas décidé qu'il pût y venir en concurrence avec les enfans légitimes, ni qu'il pût en être exclu par eux.

Quand le bâtard recueilloit la succession de sa mère, il invoquoit avec quelque raison la maxime, *nul n'est bâtard de par sa mère*, et dès-lors la différence entre le bâtard et l'enfant légitime étoit moins grande.

C'est par suite de cette maxime qu'un grand nombre de coutumes plaçoient le bâtard au rang des enfans légitimes, quant à la succession de sa mère.

On ne rappellera pas le droit qu'avoit le seigneur sur les biens du bâtard; il suffira de dire que ce droit, appelé *droit de bâtardise,* se perpétua par une suite de la servitude à laquelle les seigneurs avoient soumis leurs sujets roturiers. Dans ces siècles de barbarie, il étoit facile aux grands de tenir le peuple dans le plus dur esclavage. Ce n'est que sous le règne des lumières, au siècle de Louis le Grand, que ces prétendus droits commencèrent à se perdre, c'est-à-dire, que l'opinion publique, plus éclairée, avoit détruit beaucoup de préjugés dont la naissance des bâtards étoit environnée. Ils disparurent complétement à la suite des discussions lumineuses de nos premières assemblées nationales.

Heureux, si les *grands hommes*, comme les grandes assemblées, pouvoient se restreindre dans de justes limites; mais les extrêmes se touchent, et bientôt les bâtards, auxquels l'assemblée constituante avoit accordé des prérogatives conformes à l'ordre social et sollicitées par l'humanité, furent élevés par la convention nationale à la dignité de l'enfant légitime. [1]

Cette loi, née dans des temps orageux, éprouva bientôt, dans des temps plus calmes, le changement qu'elle devoit infailliblement éprouver.

Déjà l'on avoit subordonné la quotité de fortune d'un enfant naturel aux dispositions d'un Code civil qui n'existoit point encore, et, lorsque ce Code parut, l'ami de l'ordre et de l'humanité remarqua avec plaisir qu'on y avoit concilié les égards dus à la voix de la nature et le respect commandé par la sainteté du mariage.

En effet, l'enfant naturel ne succède point; mais la loi lui accorde des droits assez grands sur la succession de ses père et mère pour n'avoir pas lieu de se plaindre d'en tenir l'existence. Cependant ces droits ne sont pas les mêmes pour tous. L'enfant né de personnes auxquelles il étoit permis de se marier, doit être plus

---

1 Loi du 12 Brumaire an II.

favorisé que celui dont la naissance ne peut être déclarée sans faire l'aveu d'un crime aux yeux de la société et de la loi. Ce sont d'innocentes victimes, il est vrai ; mais la protection que leur accorderoit la loi, ne pourroit être mise dans la balance avec les troubles qu'une pareille protection occasionneroit aux familles.

Néanmoins un abandon total seroit une cruauté : la sollicitude du législateur à leur égard n'est point douteuse ; la loi leur accorde des alimens.

Ce bienfait de la loi envers ces enfans n'a pu avoir la même extension que pour les enfans nés *ex soluto et soluta :* la tache de leur naissance ne peut être effacée par la légitimation ; ils ne peuvent pas même être reconnus.[1]

CHAPITRE PREMIER.

De la reconnoissance des enfans naturels.

La reconnoissance des enfans naturels, considérée sous le rapport des mœurs et de la tranquillité des familles, intéresse trop essentiellement la société, pour que le législateur ait négligé d'en prescrire les formalités, de déterminer les cas où elle peut avoir lieu, et d'en régler les effets.

Déjà l'on voit, par l'art. 334, que cette reconnoissance doit être authentique : ainsi toute reconnoissance d'enfans faite sous signature privée ne pourroit obtenir foi en justice. On sent même qu'il est indispensable que cet acte, qui porte sur l'état des personnes, soit reçu par un Officier public ayant droit d'instrumenter dans le lieu où l'acte auroit été rédigé, et avec les solennités requises.[2]

Quand la reconnoissance se fait par acte authentique, la présence du père est nécessaire ; au contraire, il peut se faire représenter par mandataire, lorsque la reconnoissance a lieu dans

---

1 Code civil, art. 331 et 335.
2 *Idem,* art. 1317.

l'acte de naissance. Si le père, dans ce dernier cas, est présent, il doit signer l'acte, ou déclarer qu'il ne peut signer, soit par ignorance ou toute autre cause : il ne suffiroit pas qu'il eût donné ordre à l'Officier de l'état civil d'inscrire l'enfant sous son nom, lors même que cet Officier auroit attesté qu'il lui a été donné par écrit ; car ici la reconnoissance seroit considérée comme étant faite sous signature privée.

La loi, comme je l'ai déjà dit, n'admet point la reconnoissance des enfans adultérins ou incestueux [1]. Cette reconnoissance seroit aussi inutile que contraire aux bonnes mœurs.

La reconnoissance du père, sans l'indication et l'aveu de la mère, n'a d'effet qu'à l'égard du père ; c'est ce que porte textuellement l'article 336.

« La reconnoissance d'un enfant naturel, faite par un homme
« qui se croit son père, a dit M. DUVEYRIER, tribun, peut nuire
« à la mère qui n'aura pas fait la même reconnoissance.

« Dans les précédens projets du Code civil on avoit clairement
« manifesté l'intention, et toujours attendu l'incertitude de la pa-
« ternité, de ne donner aucune créance, aucun effet à la recon-
« noissance d'un enfant naturel, faite par son père, si elle n'étoit
« pas confirmée par l'aveu de la mère. Mais on a senti que c'étoit
« faire dépendre l'état et la destinée d'un enfant d'une révélation
« difficile, quelquefois impossible, et toujours inconvenante à la
« pudeur d'une femme. On a senti que, pour ne pas ravir à l'enfant
« son premier bien, son existence sociale, il eût fallu dans ce cas
« lui ouvrir la porte de ces inquisitions honteuses et de ces procès
« révoltans, dont on jugeoit indispensable de tarir la source.

« La sagesse de ce motif a éclairé ; et de l'impossibilité d'obtenir,
« sans un grave inconvénient, la déclaration et l'aveu de la mère,
« on est parvenu naturellement à la conséquence contraire, c'est-

---

[1] Code civil, art. 335.

« à-dire, à la nécessité de n'exiger ni la déclaration, ni l'aveu, ni
« même la désignation de la mère, en statuant seulement que, dans
« ce cas, la reconnoissance n'aura d'effet qu'à l'égard du père seu-
« lement.

    « On voit bien ce que peut produire cette faculté d'une dé-
« claration solitaire; mais il vaut mieux, pour la société, de to-
« lérer ce qu'elle ignore, que de connoître ce qu'elle doit punir. »

En outre, l'enfant qui aura été l'objet d'une reconnoissance, ne
doit pas être victime d'une fausse indication donnée par sa mère.

La disposition de l'art. 336 est réciproque : de même que la
reconnoissance n'a d'effet qu'à l'égard de celui des père et mère
qui a reconnu, de même aussi une reconnoissance faite pendant
le mariage, par l'un des époux, au profit d'un enfant naturel qu'il
auroit eu avant son mariage d'un autre que de son époux, ne
pourra nuire à celui-ci, ni aux enfans nés de ce mariage ; ce sont
les expressions littérales de l'art. 337. Cette reconnoissance est
toujours avantageuse à l'enfant. Le même art. 337 dispose qu'elle
produira son effet si, après la dissolution du mariage, il ne reste
point d'enfans.

Dans le cas même où il en resteroit, cette reconnoissance auroit
toujours l'effet de procurer des alimens à l'enfant.

En observant rigoureusement les termes de l'article précité, il
est évident qu'il n'auroit droit à rien ; mais, en consultant l'esprit
de la loi, cet enfant, qui est un bâtard simple, ne doit pas être
traité plus défavorablement que les bâtards incestueux ou adultérins, qui ne peuvent jamais être reconnus.

L'article 338 dit que l'enfant naturel reconnu ne pourra récla-
mer les droits d'enfans légitimes, et il renvoie au titre des successions, pour déterminer les droits des enfans naturels.

Les mêmes raisons de justice et de morale publique qui ont
fait établir des distinctions dans l'état des enfans, ont dû faire
réduire l'enfant naturel à la simple qualité de créancier; c'est ce

qui résulte des dispositions textuelles du chap. IV des successions irrégulières.

La loi a bien pu autoriser un homme à reconnoître un enfant qu'il croit être le sien ; mais elle a voulu que cette reconnoissance pût être contestée par tous ceux qui y auront intérêt.

Écoutons encore M. Duveyrier dans le rapport déjà cité. « C'est l'acte lui-même qu'il s'agira d'attaquer : sa forme, si elle « n'est point authentique, ou si elle est irrégulière; son contexte, « si le mensonge et la fraude l'ont dicté. Mais, qu'on veuille « affoiblir le crédit de cet acte, ou changer ses résultats par l'en- « quête scandaleuse d'un fait qui seroit étranger à l'acte contesté; « que des collatéraux, par exemple, pour diminuer la portion « que la loi donnera à l'enfant naturel dans la succession de son « père, et le réduire aux alimens charitables réservés à l'enfant « du crime, prétendent que cet enfant, reconnu par un père libre, « est entaché d'adultère du côté de sa mère inconnue et non dé- « signée dans l'acte, nous devons penser qu'ils ne seroient point « écoutés. »

Ainsi, des héritiers ne seroient pas reçus à prouver que l'enfant qu'un père a reconnu sans l'indication et l'aveu de la mère, est issu d'une femme engagée dans les liens du mariage.

Il est à remarquer cependant qu'ils pourroient établir ce fait sur une preuve écrite; mais un simple commencement de preuve par écrit ne suffiroit pas.

Ce n'est pas seulement la reconnoissance, c'est encore la récla- mation de l'enfant qui pourra être contestée.

La loi qui défend la recherche de la paternité, permet pourtant cette recherche dans le cas où il y a eu enlèvement de la mère, et où l'époque de cet enlèvement se rapporte à celle de la con- ception.[1]

---

1 Code civil, art. 340.

La recherche de la maternité, au contraire, est admise, d'après la règle : *mater certa, pater incertus.*

Il n'est pas douteux que c'est l'incertitude de la paternité, encore plus que l'institution du mariage, qui a dirigé le législateur en défendant la recherche du père. L'exception à la recherche de la paternité le démontre évidemment.[1]

On distinguoit autrefois deux espèces de rapt, celui de violence et celui de séduction.

On regardoit le rapt de séduction comme plus criminel que celui de violence.

L'un ravit le cœur, disoit-on, et subjugue la volonté; l'autre ne ravit que le corps.

On ne peut qu'applaudir à la sagesse du législateur, qui a préféré l'intérêt des mœurs, le repos des familles, à des désordres, à des débats scandaleux, en n'admettant point dans notre Code cette distinction. De cette manière il a mis fin au libertinage des filles, qui ne craignoient pas de se déshonorer, par l'espoir qu'elles concevoient d'attribuer le fruit de leurs débauches à de prétendus séducteurs, qui n'étoient souvent accusés que parce qu'ils étoient riches.

Voici comment s'exprime M. le Chancelier D'AGUESSEAU : « Rien « n'est plus dangereux que de faire connoître aux filles, qui ne « cherchent dans les procès de séduction qu'à tirer avantage de « leurs fautes, qu'une séduction, qui vient souvent de leur part, « une débauche volontaire, peut non-seulement être un degré « pour parvenir au mariage, mais le rendre presque nécessaire ou « forcé, par la crainte d'une condamnation à des dommages-inté-« rêts exorbitans.[2] »

Si l'intérêt des bonnes mœurs a dirigé le législateur en défen-

---

1 Code civil, art. 340.
2 Titre 10, lettre 248.

dant la recherche du père, cet intérêt cesse lorsque l'enfant ré-
clame sa mère; d'ailleurs la preuve de la maternité est facile, les
faits qui servent à la constater sont toujours certains : ce sont l'ac-
couchement, l'inscription de l'enfant au registre des actes de l'état
civil, et la possession d'état. La réunion de ces différens faits
forme la preuve la plus indubitable de l'état de l'enfant.

Quand l'inscription porteroit que l'enfant est né de personnes
inconnues, la possession d'état suffiroit pour lui assurer ses droits,
si toutefois la date de l'inscription se rapportoit à l'époque de l'ac-
couchement.

La preuve que l'enfant est identiquement le même que celui
dont la mère est accouchée, ne pourra se faire par témoins qu'au-
tant qu'il y auroit un commencement de preuves par écrit. [1]

La loi, si favorable envers les enfans nés d'un commerce libre,
repousse sans pitié les enfans fruits de l'inceste et de l'adultère;
ces derniers ne peuvent jamais rechercher ni leurs pères ni leurs
mères [2]. Cette recherche, qui ne feroit que mettre au jour le crime
de leurs auteurs, ne pourroit apporter aucun changement utile à
leur état.

CHAPITRE II.

De la légitimation des enfans naturels.

*La légitimation est une fiction de droit, qui efface le vice de
la naissance de l'enfant naturel, pour l'élever au rang de l'enfant
légitime.*

*Legitimatio est actus quo liberi illegitimi consequuntur jura
legitime natorum.*

Il y a trois modes de légitimation dans le Droit romain :

1.° *Per subsequens matrimonium*, 2.° *per oblationem curiæ*,
3.° *per rescriptum principis.*

---

1 Code civil, art. 341.
2 *Idem*, art. 342.

La seule légitimation par subséquent mariage est admise dans notre Code. Elle a lieu au profit des enfans nés d'un commerce entre personnes libres, et lorsqu'ils ont été légalement reconnus par leurs père et mère avant le mariage de ceux-ci, ou qu'ils sont reconnus dans l'acte même de célébration. [1]

Les descendans des enfans décédés jouiront de la même faveur. [2]

L'effet de la légitimation est de procurer aux enfans légitimés les mêmes droits que s'ils étoient nés du mariage. [3]

L'article 331 s'exprime en termes généraux, en disant que les enfans nés *hors mariage*, autres que ceux nés d'un commerce *incestueux* ou adultérin, pourront être légitimés, etc.

Cet article semble laisser dans l'indécision la question de savoir si une dispense accordée pour le mariage de l'oncle avec la nièce peut rendre légitime l'enfant conçu avant mariage, né depuis.

La question peut être ainsi réduite :

L'état de l'enfant doit-il être fixé au moment de la conception ou de la naissance ? Il le sera à l'époque la plus favorable à l'état de l'enfant, suivant ce principe du Droit romain : *Vere tales erant (ingenui) omnes quicunque nati e matre quæ vel tempore conceptionis, vel partus, vel intermedio, saltem per momentum libera fuit.* De même que l'enfant étoit ingénu chez les Romains, lorsque la mère avoit été un moment libre à l'une de ces trois époques, de même l'enfant dont l'origine est incestueuse, peut devenir légitime, lorsqu'il est né depuis le mariage valablement contracté par ses père et mère.

D'ailleurs l'article 331 fait assez sentir que c'est des enfans incestueux nés hors mariage seulement qu'il n'admet point la légitimation.

---

1 Code civil, art. 331.

2 *Idem*, art. 332.

3 *Idem*, art. 333.

F I N.